Deutsch als Fremdsprache IA Neubearbeitung

Glossar Deutsch-Englisch

Übersetzt von Derrick P. Jenkins

Ernst Klett Stuttgart

1. Auflage 1 5 4 | 1981 80

Alle Drucke dieser Auflage können im Unterricht nebeneinander benutzt werden. Die letzte Zahl bezeichnet das Jahr dieses Druckes.

Druck: Gutmann & Co., Heilbronn. Printed in Germany.
ISBN 3-12-556710-6

Zu dem Unterrichtswerk *Deutsch als Fremdsprache* von Braun/Nieder/Schmöe gibt es eine Reihe von Glossaren mit dem Wortschatz des Unterrichtswerks und seinen fremdsprachigen Entsprechungen in der Reihenfolge des Auftretens in den Texten und Übungen.

Das Glossar bringt nicht nur einzelne Stichwörter, sondern zeigt auch ihre Anwendung in Sätzen und festen Wendungen mit Hilfe der Kontextbeispiele aus dem Lehrbuch. Es empfiehlt sich auf jeden Fall, die Stichwörter nicht isoliert, sondern im Zusammenhang des Satzes zu betrachten und zu lernen.

Die Substantive werden im Glossar zu Band I A Neubearbeitung von Anfang an mit Artikel und Plural angeführt. Der aktiv zu beherrschende Wortschatz, der zur Erlangung des Zertifikats *Deutsch als Fremdsprache* des Deutschen Volkshochschul-Verbandes und des Goethe-Instituts als bekannt vorausgesetzt wird, ist halbfett gedruckt.

Mancher Unterrichtende ist es gewohnt, einen einsprachigen Unterricht ohne die Hilfe eines zweisprachigen Glossars zu erteilen. Viele aber begrüßen dieses Hilfsmittel, und in der Tat kann es Lehrern und Schülern wesentliche Hilfe leisten. Den Schülern vor allem bei der Nachbereitung der Lektionen: Wörter und Sätze prägen sich leichter ein, die Interferenzen zwischen Ausgangs- und Zielsprache werden deutlich, gefährliche Fehlerquellen können beseitigt werden.

Für den Lehrer kann das Glossar bei der Unterrichtsvorbereitung nützlich sein, denn er findet hier die jeweils neuen Wörter aufgelistet.

Eine Liste der starken und unregelmäßigen Verben, die in *Deutsch als Fremdsprache I A Neubearbeitung* vorkommen, befindet sich am Ende des Glossars.

1 Guten Tag!

gut	good; well
6 **Guten Tag!**	Good morning/afternoon!
der* Herr, -en**	man
Herr Hartmann	Mr. Hartmann
Wie geht es Ihnen?	How are you?
Danke gut.	Fine, thanks.
Danke, es geht.	Not so bad, thanks.
und	and
woher	where . . . from
kommen	to come
Woher kommen Sie?	*here:* Where have you been?
Ich komme aus Bremen.	I've been to Bremen.
wohin	where . . . to
fahren (fährt)	to go (by train, bus, car etc); to drive
Wohin fahren Sie?	Where are you going (to)?
Ich fahre nach München.	I'm going to Munich.
wohnen	to live
jetzt	now
Ich wohne jetzt in München.	I live in Munich now.
ja	yes
arbeiten	to work
auch	also, too
dort	there
Arbeiten Sie auch dort?	Do you work there, too?
Ja, ich arbeite bei Siemens.	Yes, I work at/for Siemens.
was	what
machen	to do; to make
Was machen Sie?	What are you doing?
heute	today
morgen	tomorrow
das* Haus, die Häuser**	house, home
Ich fahre nach Haus.	I'm going home.
entschuldigen	to excuse, to pardon
Entschuldigen Sie!	Excuse me!
mein	my
der Zug, die Züge**	train
wiedersehen	to see/meet again
Auf Wiedersehn!	Goodbye!

* der, die, das = the
** plural forms

die* Reise, -n	journey, trip
Gute Reise!	Have a good trip!
7 **die Frage,** -n	question
die Antwort, -en	answer
heißen	to be called
Wie heißen Sie?	What's your name?
hier	here
lernen	to learn
Ich lerne Deutsch.	I'm learning German.
studieren	to study
nein	no
wo	where
Wo arbeiten Sie?	Where do you work?
gehen	to go
Wohin gehen Sie?	Where are you going?
bitten	to ask
Bitte!	please; *here:* Excuse me!
Südamerika	South America
nicht	not
Nein, ich arbeite nicht, ich studiere Medizin.	No, I'm not working, I'm studying medicine.
dann	then
zurück	back
Dann fahre ich zurück nach Haus.	Then I'm going back home.
Vielen Dank!	Thank you very much!/Many thanks!
der Urlaub	holiday
Ich mache Urlaub.	I'm going on holiday.
fliegen	to fly
Ich fliege nach Spanien.	I'm flying to Spain.
wann	when
Wann kommst du zurück?	When are you coming back?
die Woche, -n	week
In zwei oder drei Wochen.	In two or three weeks.
der Spaß	fun
Viel Spaß!	Have fun!
8 **ergänzen**	to complete
Bitte ergänzen Sie!	Please complete.
das Beispiel, -e	example
München	Munich

	Köln	Cologne
	Wien	Vienna
	wiederholen	to repeat
	antworten	to answer
	Bitte antworten Sie mit „ja".	Please answer with "yes".
	bilden	to form, to make
	Bilden Sie Fragen!	Form questions.
	Fräulein (Ito)	Miss (Ito)
	Großbritannien	Great Britain

Herr Schmitt fährt nach München.

10	**die Familie,** -n	family
	sprechen (spricht)	to speak
	Sie spricht Englisch und Deutsch.	She speaks English and German.
	fragen	to ask
	gefallen (gefällt)	to please; to like
	Wie gefällt es Ihnen in Stuttgart?	How do you like it in Stuttgart?
	sagen	to say
	sehr	very
	Sie sagt: „Sehr gut!"	She says, "Very much!"

Unterricht

11	**der Unterricht**	lesson
	üben	to practise
	schreiben	to write
	lesen (liest)	to read
	Ich schreibe. Bitte lesen Sie!	I'm writing. Please read.
	diktieren	to dictate
	erklären	to explain
	hören	to listen
	noch einmal	again
	verstehen	to understand
	Bitte erklären Sie das noch einmal! Ich verstehe das nicht.	Would you explain that again, please. I don't understand (it).
12	**aber**	but
	der Satz, die Sätze	sentence
	Ich fliege von ... über ... nach ...	I'm flying from ... via ... to ...

Ausländer in der Bundesrepublik Deutschland und in Berlin (West)

13	**der Ausländer,** -	foreigner
	die Bundesrepublik Deutschland	Federal Republic of Germany
	andere	others
	Asien	Asia
	Südeuropa	southern Europe
	Griechenland	Greece
	leben	to live
	oft	often
	das Jahr, -e	year
	direkt	direct
	Fliegen Sie direkt zurück?	Are you flying back direct?

Telefongespräch

14	**das Telefon,** -e	telephone
	das Gespräch, -e	conversation
	das Telefongespräch	telephone call
	die Firma, -en	firm
	wer	who
	sein (ist)	to be
	der Apparat, -e	apparatus; *here:* telephone
	Wer ist am Apparat?	Who's speaking?
	der Name, -n	name
	Mein Name ist . . .	My name's . . .
	die Sekretärin, -nen	secretary
	der Morgen, -	morning
	Guten Morgen!	Good morning!
	da	there
	Ist Herr Hartmann da?	Is Mr. Hartmann there?
	noch	still, yet
	Kommt er heute noch?	Will he be in today?
	verreisen	to go away, to go on a journey
	Er ist verreist.	He's away.
	leider	unfortunately
	Herr Meier ist leider auch nicht da. Er ist zu Haus.	I'm afraid Mr. Meier isn't here, either. He's at home.
	der Abend, -e	evening

	heute abend	this evening
	Guten Abend!	Good evening!
	früh	early
	morgen früh	tomorrow morning
	anrufen	to phone
	wieder	again
	Dann rufe ich morgen wieder an.	Then I'll phone again tomorrow.
	der Montag, -e	Monday
	Ja, ist gut.	Yes, all right.
	Auf Wiederhören!	Goodbye! *(at the end of a telephone conversation)*
15	Was ist das? — Das ist ...	What's that? — That's . . .
	Was ist Herr Weber?	What does Mr. Weber do?
	der Techniker, -	technician
	wie	how; what . . . like
	Wie ist er?	What's he like?
	nett	nice
	freundlich	friendly
	das Büro, -s	office
	im Büro	at the office
	jung	young
	hübsch	pretty
	Wie ist Ihr Name bitte?	What's your name, please?
	ledig	single
	verheiratet	married
	geschieden	divorced
	Sind Sie ledig oder verheiratet?	Are you single or married?
	der Beruf, -e	job, profession
	Was ist Ihr Beruf?	What's your job?/What do you do for a living?
	wie lange	how long
	bleiben	to stay
	der Elektriker, -	electrician
	werden (wird)	to become
	Er wird Elektriker.	He's going to be an electrician.
	schon	already
	Wie lange lernst du schon?	How long have you been studying?
	fertig	finished; ready
	Wann bist du fertig?	When will you be finished?

nächstes Jahr	next year
die Prüfung, -en	exam
natürlich	of course, naturally
der Erfolg, -e	success
Viel Erfolg!	I wish you every success.
der Student, -en	student
der Lehrer, -	teacher *(male)*
der Amerikaner, -	American
die Lehrerin, -nen	teacher *(female)*
die Studentin, -nen	student *(female)*
17 **der Schüler,** -	pupil *(male),* schoolboy
die Schülerin, -nen	pupil *(female),* schoolgirl
alt	old
Wie alt ist er?	How old is he?
Er ist siebzehn.	He's seventeen.

Expo

18 **der Export**	export
eine Exportfirma	an export firm
exportieren	to export
das Land, die Länder	country
der Chef, -s	boss
nicht . . . sondern	not . . . (but)
telefonieren	to phone
notieren	to note (down), to make a note (of)
der Termin, -e	appointment
Sie notiert die Termine.	She makes a note of appointments.
der Brief, -e	letter
der Ingenieur, -e	engineer
im Ausland (←→ Inland)	abroad
die Ausbildung, (-en)	training, education
Günther ist in Ausbildung.	Günther is being trained.
der Ausbilder, -	instructor, teacher
Stellen Sie Fragen!	Ask questions.

Mein Auto

19 **das Auto,** -s	car
denn	then *(emphatic use)*

Was ist denn das?	What's that (then)?
häßlich	ugly
neu	new
ganz	completely; quite
ganz neu	brand new
der Wagen, -	car
der Sportwagen, -	sports-car
so	so; such
bestimmt	certainly
teuer	expensive
So ein Auto ist bestimmt sehr teuer.	I expect a car like that is very expensive.
schön	beautiful, attractive
schnell	fast
der (Auto)Typ, -en	model *(car)*
langsam	slow
sicher	certain(ly); safe
Mein Auto ist sicher.	My car is safe.
billig	cheap
das Buch, die Bücher	book
groß	big, large
klein	small
20 **das Heft,** -e	exercise-book
die Minute, -n	minute
Unser Zug kommt in 5 Minuten.	Our train will be here in 5 minutes.

Ausbildung und Studium

21 **das Studium**	course of study; university education
die Automechanik	car mechanics
Er lernt Automechanik.	He's learning to be a car mechanic.
die Schule, -n	school
die Praxis	practice; practical experience
Berufsschule und Praxis	vocational school and practical experience
dauern	to last
Die Ausbildung dauert drei Jahre.	The training lasts three years.

der Automechaniker, -	(car) mechanic
das Abitur	*equivalent of A levels*
Französisch	French
das Semester, -	term
das Staatsexamen	final exam
Jura	law
die Physik	physics
die Mathematik	mathematics
der Arzt, die Ärzte	doctor *(male)*
die Ärztin, -nen	doctor *(female)*
die Philosophie	philosophy
der Vorname, -n	Christian name, first name
geboren (in)	born (in)
der Monat, -e	month
der Ort, -e	place
der Familienstand	personal status
die Anschrift, -en **(Adresse, -n)**	address
die Unterschrift, -en	signature

Am Kiosk

3

22 **einmal**	one; once
der „Spiegel“	*weekly magazine* (“Spiegel” = mirror)
die Zeitung, -en	newspaper
die „Süddeutsche Zeitung“	*daily newspaper published in Munich*
der Verkäufer, -	salesman, shop assistant
die Verkäuferin, -nen	sales-girl
Das macht 3 Mark 20.	That’s 3 marks 20 (pfennigs).
die Karte, -n	(post)card
kosten	to cost
Wie teuer sind die Karten hier?	How much are these cards?
Eine Karte kostet 40 Pfennig.	One card costs 40 pfennigs.
nehmen (nimmt)	to take
das Stück, -e	piece
Ich nehme 6 Stück.	I’ll take six.
zählen	to count
mögen (ich möchte)	to like (I’d like)
etwas	something
Möchten Sie noch etwas?	Would you like anything else?

	danken	to thank
	Nein, danke!	No, thank you.
	alles (alle)	all, everything
	Das ist alles.	That's all.
	halten (hält)	to stop, to wait
	Halt!	Wait a minute!
	brauchen	to need
	die Zigarette, -n	cigarette
	Ich brauche noch Zigaretten.	I need some cigarettes.
	bekommen	to get
	Sie bekommen noch 1 Mark 70 zurück.	Here's 1 mark 70 change.
23	**rechnen**	to calculate, to reckon up
	Wie viele?	How many?
	zusammenzählen (= addieren)	to add up
	abziehen (= subtrahieren)	to take away, to subtract
	dreimal	three times
	multiplizieren	to multiply
	3 mal 8, das gibt 24.	Three eights are twenty-four.
	teilen ... **durch** (= dividieren)	to divide by
	Teilen Sie 18 durch 6.	Divide 18 by 6.
	das Postamt, ä-er	post office
	das Geld (-er)	money
	abheben	to withdraw
	das Postsparbuch, ü-er	post office savings-book
	die Briefmarke, -n	stamp
	10 zu 50 Pfennig	ten 50-pfennig stamps
	es gibt	there are
	Briefmarken gibt es hier nicht.	You don't get stamps here.
	der Schalter, -	counter
	vorn(e)	in front
	rechts	on the right
	die Rechnung, -en	bill
	der Ober, -	waiter
	Herr Ober, die Rechnung bitte!	Waiter, could I have the bill, please.
	zahlen	to pay
	zusammen	together
	teilen	to divide up, to share
	Dann teilen wir.	Then we'll divide it up.
	das Menü, -s	set meal
	4 Menüs zu acht fünfzig.	Four set meals at 8 marks 50.

	das Bier	beer
	das Brot, -e	bread
	kein Brot	no bread
	stimmen (es stimmt)	to be right (it's right)
	Stimmt so.	Keep the change.
	pro Person	per person
25	**die Postkarte,** -n	postcard

Falschgeld

26	das Falschgeld	counterfeit money
	der Schuh, -e	shoe
	das Geschäft, -e	shop
	das Schuhgeschäft	shoe shop
	kaufen	to buy
	das Paar, -e	pair
	ein Paar Schuhe	a pair of shoes
	geben (gibt)	to give
	der Kaufmann, die Kaufleute	salesman, shop assistant
	haben (hat)	to have
	genug	enough
	wechseln	to change
	Wechselgeld	change
	der Schein, -e	(bank) note
	der Hundertmarkschein	hundred-mark note
	weggehen	to leave, to go away
	zufrieden	satisfied, happy
	Er geht zufrieden weg.	He goes happily away.
	unzufrieden	dissatisfied, unhappy
	doch dann	but then
	falsch	false, counterfeit
	hoch	high, great
	der Verlust, -e	loss
	Wie hoch ist der Verlust von B?	How much has B lost?
	so groß wie	as great as
	der Gewinn, -e	profit

Uhrzeiten

27	die Uhrzeit, -en	time
	Wann kommt hier ein Bus?	When's the next bus?
	die Uhr, -en	watch, clock

	Um wieviel Uhr?	At what time?
	spät	late
	Wie spät ist es jetzt?	What time is it now?
	Jetzt ist es 12 Uhr 40.	It's twelve-forty.
	vor	before, to
	20 Minuten vor eins.	Twenty to one.
	lang(e)	long
	halb	half
	die Stunde, -n	hour
	eine halbe Stunde	half an hour
	lieber	rather
	Ich nehme lieber ein Taxi.	I'd rather (better) take a taxi.
28	**die Fahrt,** -en	journey
	die Pause, -n	break
	das Papier, -e	paper
	die Leute (Plural)	people

Preise

29	**der Preis,** -e	price
	der Liter, -	litre
	die Milch (kein Plural)	milk
	der Käse, -	cheese
	der Zucker (kein Plural)	sugar
	der Kaffee (kein Plural)	coffee
	die Kartoffel, -n	potato
	der Reis (kein Plural)	rice
	das Fleisch (kein Plural)	meat
	der Fisch, -e	fish
	das Salz (kein Plural)	salt
	der Tee, -s	tea
	das Pfund, -e	pound
	aber: 5 Pfund Kartoffeln	5 pounds of potatoes
	einkaufen	to go shopping
	das Viertel, - (= ¼)	quarter
	das Rindfleisch (kein Plural)	beef
	die Aufgabe, -n	exercise
	vergleichen	to compare

Im Hotel

30	der Portier, -s	porter; *here:* hotel clerk
	das Zimmer, -	room
	frei	free
	Wir haben kein Zimmer mehr frei.	All our rooms are taken.
	Sie hat frei.	She's got the day off.
	anmelden	to book
	Ich bin angemeldet.	I've booked (a room).
	Wie war Ihr Name?	What was the name?
	richtig	right
	das Einzelzimmer, -	single room
	das Bad, ä-er (die Badezimmer)	bath
	Moment mal -	Just a minute.
	das Gepäck, (die Gepäckstücke)	luggage
	Haben Sie Gepäck?	Have you got any luggage?
	der Koffer, -	suitcase
	die Tasche, -n	bag
	oben	upstairs
	Wir bringen das Gepäck nach oben.	We'll bring the luggage upstairs
	sonst	else; besides
	der Wunsch, ü -e	wish
	Haben Sie sonst noch einen Wunsch?	Would you like anything else?
31	**der Vater,** ä -er	father
	die Mutter, ü -er	mother
	die Geschwister (kein Singular)	brother(s) and sister(s)
	der Freund, -e	friend
	der Feind, -e	enemy
	der Bekannte, -n	acquaintance, friend
	der Durst (kein Plural)	thirst
	Wir haben Hunger und Durst.	We're hungry and thirsty.
	die Kopfschmerzen (kein Singular)	headache
	das Fieber (kein Plural)	temperature; fever
	wenig	little
	die Zeit, -en	time
	Wir haben wenig Zeit.	We haven't got much time.
	manchmal	sometimes

	das Glück (kein Plural)	luck
	Glück haben	to be lucky
	das Pech (kein Plural)	bad luck
	Pech haben	to be unlucky
	der Ausweis, -e	identity card, proof of identity
	der Paß, die Pässe	passport
	der Führerschein, -e	driving licence
	mitbringen	to bring (with)
	Bringen Sie Ihren Ausweis mit.	Bring proof of your identity with you.
	die Zimmersuche (kein Plural)	looking for a room
	suchen	to look for
	doch	yes *(after a negative question)*
	Hast du denn kein Zimmer?	Haven't you got a room, then?
	Doch, ich habe eins.	Oh, yes. I've got one.
	das Angebot, -e	offer
	wissen (ich weiß, er weiß)	to know (of)
	der Balkon, -e	balcony
	mieten	to rent
32	**die Arbeit,** -en	work
33	**der Bruder,** ü -er	brother
	die Schwester, -n	sister
	trinken	to drink
	Kaffee trinken	to drink coffee

Student sucht Zimmer

34	**das Zentrum,** die Zentren	centre
	die Nähe	vicinity
	die Uni (= die Universität, -en)	university
	Nähe Uni	near the university
	der Kommilitone, -n	fellow student
	Lieber Kommilitone!	Dear fellow student,
	liegen	to lie, to be situated
	zentral	central
	Die Wohnung liegt zentral.	The flat is in the centre of town.
	die Bahn, -en	railway
	die U-Bahn	tube, underground
	die Straßenbahn	tram
	alt	old
	die Küche, -n	kitchen

jeder, jede, jedes	each, every; everybody
das Wohnzimmer, -	living-room
der Fernseher, -	television (set)
gemeinsam	common; together
Das „Wohnzimmer“ haben wir gemeinsam.	We've got a common “living-room”.
die Miete, -n	rent
monatlich	per month
die Nebenkosten (kein Singular)	outgoings; extras
der Strom (kein Plural)	electricity
die Heizung, -en	heating
bald	soon
der Gruß, ü-e	greeting
Mit freundlichen Grüßen	Yours sincerely,

Arm oder reich

35	**arm**	poor
	reich	rich
	früher	before, formerly
	damals	then
	nichts	nothing
36	noch nicht	not yet
	stehen	to stand, to be
	Die Tasche steht da.	The bag is there.
	der Personalausweis, -e	identity card

Das Land, die Menschen und die Produktion

37	Frankreich	France
	die Niederlande (= Holland)	the Netherlands
	Österreich	Austria
	die Schweiz	Switzerland
	die UdSSR (= Union der Sozialistischen Sowjetrepubliken) *auch:* die Sowjetunion	USSR
	die Milliarde, -n	a thousand million
	der Mensch, -en	person
	der Quadratkilometer, - (qkm)	square kilometre
	der Einwohner, -	inhabitant

	die Bodenschätze (kein Singular)	natural resources
	zwar . . . aber	indeed . . . but
	die Kohle, -n	coal
	das Eisen (kein Plural)	iron
	das Erdöl (kein Plural)	(crude) oil
	das Erdgas (kein Plural)	natural gas
	die Chemie (kein Plural)	chemistry
	die Elektrotechnik (kein Plural)	electrical engineering
	das Automobil, -e	car
	der Maschinenbau (kein Plural)	engineering industry
	vor allem	above all

5 Postkarte – Brief

38	**der Absender,** - (Abs.)	sender
	weiterfliegen	to fly on
	hoffentlich	it is to be hoped that . . ., hopefully
	Hoffentlich geht es Euch gut.	I hope you are well.
	Viele Grüße!	Love,
	das Postfach, ä -er	Post Office Box
	der Studienplatz, ä -e	place at a university or college
	die Dame, -n	lady
	Sehr geehrte Damen und Herren!	Dear Sir or Madam, . . .
	die Zulassung, -en	admission
	das Formular, -e	form
	Hochachtungsvoll	Yours faithfully,

Kinderreim – Sprichwörter

39	**gleich**	same
	dick	fat
	Wir sind gleich dick.	We're equally fat.
	schwer	heavy; difficult
	ausschauen (= aussehen)	to look (like)
	Wir schaun gleich aus.	We look the same.
	frech	cheeky
	die Zwillinge (Plural)	twins
	der Kinderreim, -e	nursery rhyme
	kalt	cold

hart	hard
weich	soft
das Sprichwort, ö -er	proverb
der Anfang, ä -e	beginning
Aller Anfang ist schwer.	It's always difficult to make a start.
der Rat, die Ratschläge	advice
Kommt Zeit – kommt Rat.	"Time will tell."
(sich) irren	to be mistaken
Irren ist menschlich.	To err is human.
reden	to speak
das Silber (kein Plural)	silver
schweigen	to be silent
heiß	hot
Was ich nicht weiß, macht mich nicht heiß.	"What the eye doesn't see, the heart doesn't grieve over."
der Mund, ü -er	mouth
Morgenstund' hat Gold im Mund.	"The early bird catches the worm."
Ende gut, alles gut.	"All's well that ends well."

Im Büro

40 Was ist denn los?	What's the matter?/What do you want?
der Vertrag, ä -e	contract
mitnehmen (nimmt mit)	to take (along) with
das Visum, die Visa	visa
ausfüllen	to fill in
der Antrag, ä -e	application (form)
Füllen Sie den Antrag aus!	Fill in the application form.
unterschreiben	to sign
nur	only, just
die Flugkarte, -n	flight ticket
die Ordnung	order
In Ordnung.	OK!
die Sache, -n	thing, object
41 **besorgen**	to get (hold of), to see to
gerade	just, at the moment
Ich schreibe ... gerade.	I'm just typing . . .
bestellen	to order, to reserve

	der Dienstag, -e	Tuesday
	der Zettel, -	slip of paper; note
	das Telefonat, -e	telephone call
	der Besuch, -e	visit
	usw. = und so weiter	and so on, etc.
	vergessen (vergißt)	to forget
43	der Flugschein, -e	flight ticket

Ich brauche Möbel.

44	**die Möbel** (Plural)	furniture
	endlich	at last, finally
	leer	empty
	der Tisch, -e	table
	der Stuhl, ü-e	chair
	das Bett, -en	bed
	der Schrank, ä-e	cupboard
	das Regal, -e	shelf
	das Anbausystem	unit furniture system
	schwarz	black
	weiß	white
	preiswert	reasonably priced
	die Wand, ä-e	wall
	das Kleid, -er	dress
	die Kleider	clothes
	der Kleiderschrank, ä -e	wardrobe
	der Schreibtisch, -e	desk
	die Lampe, -n	lamp, light
	das Klappbett, -en	folding bed
	ohne	without
	die Matratze, -n	mattress
	Sonder -	special
	der Sonderpreis, -e	special offer
	einrichten	to furnish
	ein Zimmer einrichten	to furnish a room
	die Bestellkarte, -n	order form
	die Stückzahl, -en	number
	der Einrichtungsgegenstand, ä-e	item of furniture
	Preis pro Stück	price per item
	insgesamt	altogether
	die Summe, -n	total
	das Datum, (die Daten)	date

Ein Gespräch

45	**kennen**	to know, to be acquainted with
	Kennen Sie den?	Do you know him?
	glauben	to think, to believe
	Muß er morgen arbeiten?	Does he have to work tomorrow?
	Kann ich hier telefonieren?	Can I phone from here?
	wissen	to know
	Ich weiß es nicht.	I don't know.

Familie Koller

47	Heinz Koller, 38 Jahre, . . .	Heinz Koller, 38 years old, . . .
	das Kind, -er	child
	der Stahlarbeiter, -	steelworker
	morgens	in the morning
	aufstehen (steht auf)	to get up
	die Schicht, -en	shift
	verlassen (verläßt)	to leave
	Er verläßt um 5 Uhr das Haus.	He leaves the house at 5 a.m.
	nehmen (nimmt) *hier:* fahren mit	to take, to go by
	Er nimmt den Bus.	He goes by bus./He takes the bus.
	halbtags	half days, part-time
	Sie arbeitet halbtags.	She works half days/part-time.
	der Haushalt, -e	housework
	die Tochter, ö -	daughter
	die Grundschule, -n	primary school
	der Sohn, ö -e	son
	besuchen	to visit, to go to
	der Kindergarten, ä -	nursery school
	Er besucht noch den Kindergarten.	He still goes to nursery school.
	beschreiben	to describe

Am Abend

48	**wollen** (ich will, er will)	to want to
	das Kino, -s	cinema
	vorhaben	to intend, to have in mind
	Was haben Sie vor?	What are your plans?

	mögen (ich möchte, er möchte)	to want to; to like
	dürfen (ich darf, er darf)	to be allowed
	begleiten	to accompany
	Darf ich Sie begleiten?	May I come with you?
	einladen (lädt ein)	to invite
	Darf ich Sie einladen?	*here:* Can I buy you a coffee?
	gern	with pleasure, gladly; *here:* thank you
	müssen (ich muß, er muß)	to have to
	telefonieren	to make a phone call, to phone
	Ich muß noch telefonieren.	I have to make a phone call.
	können (ich kann, er kann)	to be able to
	tun	to do
	Ja, das kann ich tun.	Yes, I can do that.
49	ausgehen	to go out
	sollen	shall, should; to be supposed to
	Soll ich Sie anrufen?	Shall I call you?
	essen (ißt)	to eat; to have a meal
	fernsehen (sieht fern)	to watch TV
	sich vorstellen	to introduce oneself; to go/come for an interview
	Hier steht: Ich soll mich vorstellen.	It says here that I should come for an interview.
	warten	to wait
	die Eltern (Plural)	parents
	allein	alone
	spielen	to play
	Fußball spielen	to play football

Wollen wir das wirklich?

52	**wirklich**	really
	Wollen wir das wirklich?	Do we really want that?
	nicht nur . . . sondern auch	not only . . . but also
	gesund	healthy
	gesund leben	to live a healthy life
	auswechseln	to replace
	das Beispiel, -e	example
	zum Beispiel	for example
	das Herz, -en	heart
	die Niere, -n	kidney

	die Lunge, -n	lung
	der Magen, ä-	stomach
	die Illustrierte, -n	magazine
	die Leber, -n	liver
	das Gehirn, -e	brain
	man	one *(a person)*
	einige	some, a few
	die Klinik, -en	clinic
	Man ist dann wieder fit.	Then one is fit again.
	spenden	to donate
	die Lebenden	the living *(people)*
	der Tote, -n	dead person
	der Verkehr (kein Plural)	traffic
	die Verkehrstoten	people killed in traffic accidents
	sterben (stirbt)	to die
	entscheiden	to decide
	Wer kann das entscheiden?	Who is in a position to decide?
	meinen	to think, to believe; to mean
	Was meinen Sie?	What do you think?
	Pro und Contra	for and against

Über das Wetter

53	**das Wetter**	weather
	werden (wird)	to become
	wohl	I wonder; I suppose; probably
	Wie wird wohl das Wetter?	I wonder what the weather's going to be like?
	regnen	to rain
	schneien	to snow
	kaum	hardly
	Aber schön wird es kaum bleiben.	But I don't think it will stay fine.
	gut — besser	good — better
	Besser wird es wohl nicht.	I don't suppose it'll get any better.
	der Sommer, -	summer
	vorbei	over, past
	Der Sommer ist vorbei.	Summer is over.
	das Gewitter, -	thunderstorm
54	**spazierengehen** (geht spazieren)	to go for a walk

Freizeit und Urlaub

55	die Freizeit (kein Plural)	free/spare time
	der Bundesbürger, -	citizen of the Federal Republic
	der Samstag, -e	Saturday
	der Sonntag, -e	Sunday
	Viele Bundesbürger haben Samstag frei.	Many citizens of the Federal Republic have Saturday off.
	entweder . . . oder	either . . . or
	der Ausflug, ü-e	trip, excursion
	ausschlafen (schläft aus)	to sleep late, to have a lie in
	eine Rolle spielen	to play a part
	aktiv	active
	zuschauen	to watch
	Viele schauen nur zu.	Many people just watch.
	die Gaststätte, -n	restaurant
	das Bier, -e	beer
	der Wein, -e	wine
	das Lokal, -e	bar, pub; restaurant
	das Bierlokal	pub
	das Weinlokal	wine-bar
	Die Museen sind gut besucht.	Many people go to museums.
	Haupt-	main
	die Haupturlaubszeit	peak season
	das Hauptreiseziel, -e	main destination
	die DDR = die Deutsche Demokratische Republik	German Democratic Republic (GDR)
	% = Prozent	per cent
	krank	ill
	sparen	to save (money)
	die Woche, -n	week
	das Wochenende, -n	weekend

8 Ein Unfall

56	**der Unfall,** ä-e	accident
	die Hilfe, -n	help
	wenn *(Konditional)*	if
	helfen (hilft)	to help
	Wenn ich helfen kann, gern.	I'll be pleased to help, if I can.
	niemand	nobody

verletzt	injured, hurt
Zum Glück ist niemand verletzt.	Luckily, nobody's hurt.
der Schaden, ä-	damage
ziemlich	rather, quite
Der Schaden ist ziemlich groß.	There's quite a lot of damage.
möglich	possible
Es ist möglich.	It's possible.
dalassen (läßt da)	to leave (s.th.) here/behind
Können Sie den Wagen gleich dalassen?	Can you leave the car here now?
wiederhaben	to have (s.th.) back
der Freitag	Friday
klappen	to work, to succeed, to go off well
Wenn alles klappt, . . .	If everything goes according to plan, . . .
einverstanden	agreed; agreeable
Ich bin einverstanden.	OK!
nachsehen (sieht nach)	to check
Wir sehen alles nach.	We'll check everything.
selbstverständlich	of course *(adv.);* natural, obvious *(adj.)*
also	then, so
Also bis morgen!	Till tomorrow, then!
57 **anfangen** (fängt an)	to start
Wir fangen jetzt an.	We're going to start now.
aufhören	to stop
Wann hören wir auf?	When are we going to stop?
weiterreden	to go on talking
überhaupt	at all
überhaupt nicht	not at all
funktionieren	to work, to function
Unser Fernseher funktioniert nicht mehr.	Our TV has broken down.
das Bild, -er	picture
immer	always
laufen (läuft)	to run; *here:* to slip
Das Bild läuft immer.	The picture keeps slipping.
der Knopf, ö-e	knob, button, switch
drehen	to turn

überprüfen	to examine, to check
das Gerät, -e	(television) set
reparieren	to repair
kaputt	broken
das Ding, -e	thing
Das Ding da geht nicht mehr.	This thing here won't work.
hergeben (gibt her)	to hand over
Gib her!	Give it to me.
drücken	to press
die Knöpfe drücken	to press the buttons/switches
wahrscheinlich	probably
Die Batterie ist wahrscheinlich leer.	The battery's probably flat.
der Unsinn (kein Plural)	nonsense
Das ist doch Unsinn.	Don't talk nonsense!
das Band, ä-er *hier:* Tonband	tape
lassen (läßt)	to leave, to let
reparieren lassen	to have (s.th.) repaired
Dann mußt du's eben reparieren lassen.	Then you'll have to have it repaired.
58 Möglichst bald.	As soon as possible.
sofort	immediately
diese Woche	this week
59 **mitmachen**	to cooperate, to join in
die Reparatur, -en	repairs
bezahlen	to pay (for)
zurückbringen	to bring back
vorher	before (hand)

Sabine

60 **der Bauch,** ä-e	stomach
das Bauchweh	stomach-ache
Sie bekommt zu essen.	She gets something to eat.
die Wärmflasche, -n	hot-water bottle
die Angst, ä-e	fear
Angst haben	to be afraid
traurig	sad
böse	angry
Wenn Sabine böse ist, dann sagt sie nichts.	When Sabine is angry, she says nothing.

	weil	because
	…, weil Sabine nicht über Sabine spricht.	…, because Sabine doesn't talk about Sabine.
	der Gast, ä-e	guest
	der Schmerz, -en	pain

Warum?

61	**stehen**	to stand
	Wir stehen hier und warten.	We're standing here and waiting.

Warum ist die Bundesrepublik Deutschland ein Autoland?

63	**produzieren**	to produce
	die Ware, -n	article, product
	verbinden	to link, to connect, to join
	der Norden	north
	der Süden	south
	Der Verkehr verbindet Norden und Süden.	The traffic links north and south.
	der Osten	east
	der Westen	west
	der Lastkraftwagen, - (LKW)	lorry, truck
	transportieren	to transport, to carry
	der Urlauber, -	holiday-maker
	der Bundesdeutsche, -n	citizen of the German Federal Republic
	die Straße, -n	road, street
	das Straßennetz	road network
	die Autobahn, -en	motorway
	der/die Verletzte, -n	injured person
	der Personenkraftwagen, - (PKW)	car
	der Kilometer, - (km)	kilometre *(= ca. ⅝ mile)*

Die Kamera

9

64	**gehören**	to belong to
	Wem gehört die Kamera?	Who does the camera belong to?

leihen	to lend; to borrow
Kannst du sie mir mal leihen?	Can you lend it to me?/Can I borrow it?
wiederbringen	to bring back
ausprobieren (probiert aus)	to try out
vielleicht	perhaps
zuerst . . . dann	first . . . then
der Bescheid, -e	answer; information; decision
Bescheid geben	to send word
Ich gebe dir dann Bescheid.	I'll let you know.
65 **zeigen**	to show
Zeigen Sie es mir?	Will you show it to me?
interessieren	to interest
Das interessiert mich.	I'm interested in it./That's interesting!
Ich danke Ihnen.	Thank you.
rufen	to call
Soll ich ein Taxi rufen?	Shall I call a taxi?
tragen (trägt)	to carry
weit	far
Das ist nicht weit.	It isn't far.
Das ist sehr freundlich von Ihnen.	That's very kind of you.
die Gratulation, -en	congratulation(s)
prima	fine, first class
Mir geht's prima.	I'm fine.
das Diplom, -e	diploma
schwer genug	difficult enough
die Note, -n	mark, grade
die Gesamtnote	overall mark/grade
gratulieren	to congratulate
Ich gratuliere dir.	Congratulations!
66 **gleich**	same
Ist Ihnen das gleich?	Is that all the same to you?
Ja, das ist mir gleich.	Yes, it's all the same to me.
67 **zurückgeben** (gibt zurück)	to give back
schenken	to give (as a present)
begrüßen	to say hello to, to greet
die Freundin, -nen	girlfriend
der Geburtstag, -e	birthday

Raucher und Nichtraucher

68	**rauchen**	to smoke
	der Raucher, -	smoker
	der Nichtraucher, -	non-smoker
	ungesund	unhealthy
	schaden	to damage, to hurt
	Rauchen schadet auch dem Nichtraucher.	Smoking is also bad for the non-smoker.
	Er raucht passiv mit.	He's a passive smoker.
	nützen	to be of use (to), to be good (for)
	Wem nützt das Rauchen?	Who is smoking good for?
	der Handel (kein Plural)	trade; commerce
	die Werbung (kein Plural)	advertising (industry)
	die Reklame (kein Plural)	publicity, advertising
	der Staat, -en	state
	kassieren	to collect (money), to cash
	die Steuer, -n	tax
	Der Staat kassiert die Steuern.	The state collects the taxes.
	raten (rät)	to advise
	wenig — weniger	little — less
	Rauchen Sie weniger!	Smoke less!
	am Morgen	in the morning
	die Schachtel, -n	packet
	jemand	somebody, someone
	anbieten (bietet an)	to offer
	eine Zigarette anbieten	to offer (s.o.) a cigarette
	ablehnen	to refuse
	Lehnen Sie höflich ab!	Refuse politely.
	spät — später	late — later
	das Feuer, -	fire
	Feuer geben	to give (s.o.) a light
	verboten	forbidden
	Rauchen verboten!	No smoking!

Die Verabredung

69	die Verabredung, -en	date
	(sich) treffen (trifft)	to meet
	Sie treffen sich.	They meet.
	sich freuen	to be happy/glad
	(sich) setzen	to sit down

	sich unterhalten (unterhält)	to talk (to each other)
	Sie unterhalten sich.	They talk.
	sich streiten	to argue
	lieben	to love
	Liebst du mich?	Do you love me?
	(sich) ansehen (sieht an)	to look at one another
	(sich) küssen	to kiss
	sich verstehen	to understand one another; *here:* to make it up
70	**die Gesundheit** (kein Plural)	health
	schmecken	to taste; *here:* to enjoy
	Schmeckt euch das Essen?	Are you enjoying the meal?

Festtagskalender

71	Heiligabend	Christmas Eve
	das Fest, -e	holiday, (religious) festival
	der Festtagskalender, -	list of public holidays
	der Feiertag, -e	holiday
	Neujahr	New Year's Day
	Prosit Neujahr!	Happy New Year!
	(der) Karfreitag	Good Friday
	Ostern	Easter
	der Himmel (kein Plural)	sky, heaven
	Christi Himmelfahrt	Ascension Day
	Pfingsten	Whitsun
	die Einheit	unity, union
	Tag der Einheit	"Day of Unity" *(national holiday in West Germany, commemorating the uprising in East Germany on June 17th, 1953)*
	Totensonntag	All Souls' Day
	Weihnachten	Christmas
	Frohe Weihnachten!	Merry Christmas!
	das Bundesland, ä-er	federal state
	weitere (= andere)	other, further
	katholisch	Catholic
	protestantisch	Protestant
	wünschen	to wish
	Wir wünschen: Ein gutes neues Jahr!	We wish you a Happy New Year!

das Geschenk, -e	present
bestehen	to be, to exist; *here:* to pass
eine Prüfung bestehen	to pass an exam
ein Kind bekommen	to have a baby
heiraten	to marry, to get married
der Glückwunsch, ü-e	congratulation(s)
die Glückwunschkarte, -n	greetings-card
Herzlichen Glückwunsch!	Congratulations!

Bildsymbole zu Ihrer Information

72 das Bildsymbol, -e	(pictorial) symbol, pictogram
ordnen	to put in order
zuordnen	to attach to, to associate with
der Begriff, -e	term
Ordnen Sie die Begriffe richtig zu!	Fill in the correct terms.
die Auskunft, ü-e	information
der Bahnhof, ö-e	railway station
die Stelle, -n	spot, place
halten (hält)	to stop
die Bushaltestelle, -n	bus stop
der Fahrstuhl, ü-e	lift
der Weg, -e	way; path; street
der Fußweg, -e	footpath
Geld wechseln	to change money
der/die Kranke, -n	patient, sick person
das Krankenhaus, ä-er	hospital
das Parkhaus, ä-er	multi-storey car park
die Werkstatt, ä-en	workshop, machine shop
die Reparaturwerkstatt, ä-en	repair shop, garage
die Treppe, -n	stairway, stairs, steps
die Rolltreppe, -n	escalator
schließen	to close
das Fach, ä-er	partition, section; box
das Schließfach, ä-er	left-luggage locker
schwimmen	to swim
das Schwimmbad, ä-er	swimming baths/pool
tanken	to fill up (with petrol)
die Tankstelle, -n	petrol station
waschen (wäscht)	to wash
der Raum, ä-e	room

	der Waschraum, ä-e	wash-room
	zusammensetzen	to put together
	Wie sind die Wörter zusammengesetzt?	How are the words formed?

Verkehrszeichen

73	**das Zeichen,** -	sign
	das Verkehrszeichen, -	road sign
	der Übergang, ä-e	crossing
	der Bahnübergang, ä-e	railway crossing
	die Einfahrt, -en	entry
	eng	narrow
	die Engstelle, -n	narrow road
	der Fußgänger, -	pedestrian
	der Fußgängerüberweg	pedestrian/zebra crossing
	die Gefahr, -en	danger
	die Gefahrenstelle, -n	danger spot
	die Vorfahrt (kein Plural)	right of way
	beachten	to observe
	Vorfahrt beachten	observe the right of way; give way
	das Verbot, -e	prohibition, forbiddance
	das Halteverbot, -e	no waiting
	der Platz, ä-e	place, spot
	der Parkplatz, ä-e	car park, parking space
	schleudern	to skid, to swerve
	überholen (überholt)	to overtake
	das Überholverbot, -e	overtaking forbidden
	umleiten (leitet um)	to divert
	die Umleitung, -en	diversion
	das Kraftfahrzeug, -e	motor vehicle, car
	die Vorfahrtstraße, -n	main/major road
	die Wortbildung, -en	word formation

11 Der Besuch

74	**der Besuch,** -e	visit
	die Einladung, -en	invitation
	Ich danke Ihnen für die Einladung, aber für mich ist es leider Zeit.	Thank you for inviting me, but I'm afraid I must go now.

	die Tasse, -n	cup
	Wollen Sie nicht noch eine Tasse Kaffee trinken?	Wouldn't you like another cup of coffee?
	abholen	to pick up
	die Schule, -n	school
	Ich hole meine Tochter von der Schule ab.	I pick up my daughter from school.
	die Stadt, ä-e	town
	die Mitte, (-n)	middle, centre
	die Stadtmitte	town centre
	Dann fahren Sie ja zur Stadtmitte.	Then you're driving into the centre of town.
75	**gegen**	towards; *here:* about
	gegen 5 Uhr	about 5 o'clock
	durch	through
	Sie können direkt durch die Stadt fahren.	You can drive straight through town.
	die Zitrone, -n	lemon
	stark	strong
	so stark wie möglich	as strong as possible
76	**die Sprache,** -n	language
	die Aussprache, -n	pronunciation

Der Stammtisch

78	der Stammtisch, -e	*table (in a pub) reserved for regular guests*
	gern haben	to like
	Beim Stammtisch hat man Hans gern.	The regulars like Hans.
	erzählen	to tell (a story)
	Er kann gut erzählen.	He's good at telling stories.
	der Witz, -e	joke
	das Glas, ä-er; *Diminutiv:* das Gläschen, -	glass, (a little glass); *here:* drink
	mal = einmal	once (in a while)
	mehr	more
	Er trinkt gern mal ein Gläschen mehr.	Once in a while he likes to have another drink.
	anders	differently
	Manchmal geht es nicht anders.	Sometimes there's no alternative.

	die Begrüßung, -en	greeting
	Er trinkt nur ein Glas zur Begrüßung.	He just has one drink when he arrives.
	der/die/das zweite	second
	Beim zweiten Glas ...	When it comes to the second drink . . .
	gefährlich	dangerous
	riskieren	to risk
	0,8 Promille	0.8 per mille *(measurement of alcohol level in blood)*
	weg	away, gone
	Bei 0,8 Promille ist der Führerschein weg.	If the alcohol level in your blood is 0.8 per mille or more, you lose your driving licence.
	passieren	to happen
	Vielleicht passiert noch mehr.	That might not be all.
	der Stammtischfreund, -e	regular (guest)
	darum	because of that; thus, so
	Sie sagen darum: ...	So they say, . . .
	jährlich	annually
	der Fahrer, -	driver
	die Regel, -n	rule

Sein Hobby

79	**damit** (= mit dem Wagen)	with it (the car)
	Verstehen Sie etwas davon?	Do you know what you're doing?
	dafür (= für den Wagen)	for it (for the car)
	Sie bekommen sicher noch Geld dafür.	You'd certainly get some money for it.
	wofür?	for what?
	denken an	to think of/about; *here:* to dream of
	Ich denke nicht daran.	I wouldn't dream of it.
	der Fuß, ü-e	foot
	Ich gehe lieber zu Fuß.	I prefer to walk.
80	**sich interessieren für**	to be interested in
	Interessierst du dich für Sport?	Are you interested in sport?
	die Kinokarte, -n	cinema ticket
	die Fabrik, -en	factory

Den Rhein entlang

81 **entlang** *(mit Akkusativ)*	along
den Rhein entlang	along the Rhine
fließen	to flow
Er fließt durch den Bodensee.	It flows through Lake Constance.
Er fließt an Straßburg ... vorbei.	It flows past Strasbourg, ...
Der Neckar fließt in den Rhein.	The Neckar flows into the Rhine.
die Grenze, -n	border
Zur Schweiz und zu Frankreich bildet er die Grenze.	It forms the border to Switzerland and to France.
die Landschaft, -en	scenery, countryside
interessant	interesting
die Wirtschaft, -en	economy
die Verkehrsader, -n	artery, arterial road, thoroughfare
die Bedeutung, -en	importance
Für Europas Wirtschaft ist der Rhein als Verkehrsader von Bedeutung.	The Rhine, as an artery, is important for the European economy.
das Trinkwasser (kein Plural)	drinking water
verschmutzt	polluted
Der Rhein ist durch die Industrie sehr verschmutzt.	The Rhine is very polluted by industry.
welcher, welche, welches	which
Durch welche Länder fließt der Rhein?	Which countries does the Rhine flow through?
planen	to plan
das Schiff, -e	ship
Halt machen	to stop, to make a stop

Eine Reise

12

82 Ich muß los.	I must go
Es ist höchste Zeit.	It's about time (you left).
Wissen Sie was: Ich hole Sie von Ihrer Wohnung ab.	I tell you what: I'll pick you up at your flat.
den Koffer packen	to pack one's suitcase
Kommen Sie herein!	Come in!
der Schlüssel, -	key

der Hausschlüssel, -	key to the house
anziehen, hat angezogen	to put on (clothes)
der Mantel, ä-	coat
Sie zieht ihren Mantel an.	She puts her coat on.
der Spiegel, -	mirror
Sie sieht in den Spiegel.	She looks in the mirror.
83 die Vorbereitung, -en	preparation
die Reisevorbereitungen	preparing to go on a journey
einstecken, hat eingesteckt	to pocket, to put in one's pocket
Geld einstecken	to pocket (the) money
nun	now
einsteigen, ist eingestiegen	to get on (a train etc.)
Falsch eingestiegen.	On the wrong train.
leid tun, hat leid getan	to be sorry
Tut mir leid, ...	I'm sorry, . . .
der Fahrplan, ä-e	timetable
der Beamte, -n	official
die Beamtin, -nen	
das Gleis, -e	track; *here:* platform
abfahren, ist abgefahren	to leave
Er fährt in München von Gleis 32 ab.	It leaves from platform 32 in Munich.
verdammt	damn
der Fehler, -	mistake
Verdammt, da habe ich einen Fehler gemacht.	Damn, I made a mistake!
finden, hat gefunden	to find
belegen, hat belegt	to reserve
belegt	reserved, taken
Ich belege sie.	I'll reserve them.
sich beeilen, ich habe mich beeilt	to hurry
sich hinsetzen, ich habe mich hingesetzt	to sit down
Beeil dich, sonst setzt sich jemand hin.	Hurry up, before someone else sits there.
legen, hat gelegt	to put, to place
hinlegen, hat hingelegt	to put down
Wo hast du sie denn hingelegt?	Where did you put them?
Ich habe sie nach oben gelegt.	I put them up there (on the rack).
verzeihen, hat verziehen	to excuse, to pardon
Verzeihen Sie, meine Herren.	Pardon me, gentlemen.

84	die Platzkarte, -n	*ticket for a reserved seat (on a train)*
85	das Hotelzimmer, -	hotel room
	reservieren, hat reserviert	to reserve, to book
	der Flug, ü-e	flight
	einen Flug reservieren	to book a flight
	ausmachen, hat ausgemacht	to switch off
	abbestellen, hat abbestellt	to cancel (an order)

Ein Brief aus dem Urlaub

86	**seit**	for; since
	seit drei Tagen	for three days
	der Campingplatz, ä-e	camping site
	das Zelt, -e	tent
	der Nachbar, -n	neighbour
	deshalb	thus, because of this
	inzwischen	meanwhile
	der Indianer, -	(Red) Indian
	Indianer spielen	to play Cowboys and Indians
	einen Stadtbummel machen	to have a look round town
	der Holländer, -	Dutchman
	Die Holländer haben uns zum Kaffee eingeladen.	The Dutch people treated us to coffee.
	die Rückfahrt, -en	return journey
	rechtzeitig	in time
	der Regen, -	rain
	die Sonne, -n	sun
	scheinen, hat geschienen	to shine
	Hoffentlich scheint bald wieder die Sonne!	I hope the sun will be shining again soon!

Der Urlaub

87	**der Berg,** -e	mountain
	steigen, ist gestiegen	to climb
	bleiben, ist geblieben	to stay
	daheim bleiben	to stay at home

Großstädte in der Bundesrepublik Deutschland

89	**die Großstadt,** ä-e	city, large town
	auf dem Land	in the country

	bieten, hat geboten	to offer
	der Vorteil, -e	advantage
	Das Land bietet nicht nur Vorteile.	The country doesn't only have advantages.
	die Reihe, -n	row
	das Reihenhaus, ä-er	terraced house
	täglich	daily, every day
	Das kostet viel Zeit.	That takes up a lot of (his) time.
	abends	in the evening(s)
	die Mitternacht (kein Plural)	midnight
	um Mitternacht	at midnight

13 Im Restaurant

90	**die Ecke,** -n	corner
	das Fenster, -	window
	sitzen, hat gesessen	to sit
	die Tür, -en	door
	draußen	outside
	die Terrasse, -n	terrace
	Wie ist es draußen auf der Terrasse?	What about outside on the terrace?
	schließen, hat geschlossen	to close
	Sie ist heute geschlossen.	It's closed today.
91	über die Straße gehen	to cross the road
	das Meer, -e	sea
	hinter	behind
	der Stadtrand, ä-er	the outskirts of town
	der Vormittag, -e	morning
	der Stadtplan, ä-e	town map
	weiterfahren, ist weitergefahren	to drive on
	Fahren Sie auf dieser Straße weiter.	Continue along this road.
	der Ring, -e; *hier:* Ringstraße	ring; *here:* ring road
	das Hofbräuhaus	*famous Munich pub*
	der Fernsehturm, ü-e	television tower
	blicken (= sehen), hat geblickt	to look, to see
	Dort sitzt du über der Stadt und blickst auf die Berge.	There you sit above the town and can see the mountains.
92	**hängen,** hat gehangen	to hang
	Wo hängt das Bild?	Where's the picture (hanging)?

	hängen, hat gehängt	to hang (up)
	Wohin hat er das Bild gehängt?	Where has he hung the picture?
93	**die Blume,** -n	flower
	alle	all

In der Klasse

94	**die Klasse,** -n (= Schulklasse)	class
	der Kamerad, -en	friend
	das Bein, -e	leg
	die Bank, ä-e	bench
	umwerfen (wirft um), hat umgeworfen	to knock over
	hauen (= schlagen), hat gehauen	to hit
	boxen, hat geboxt	to box
	neben	next to, by
	umschmeißen (schmeißt um), hat umgeschmissen (= umwerfen)	to knock over
	befehlen (befiehlt), hat befohlen	to order
	umfallen (fällt um), ist umgefallen	to fall over
	Da fällt die Bank um.	The bench falls over.
	aufheben (hebt auf), hat aufgehoben	to pick up
	Jutta hebt sie wieder auf.	Jutta picks it back up.
	schlagen (schlägt), hat geschlagen	to hit; *here:* to slam
	der Kopf, ö-e	head
	Bodo schlägt Jutta die Klassentür vor den Kopf.	Bodo slams the classroom door in Jutta's face.
	lachen, hat gelacht	to laugh
	beißen, hat gebissen	to bite
	der Zahn, ä-e	tooth
	Sie beißt die Zähne zusammen.	She clenches her teeth.
	weitergehen, ist weitergegangen	to go on
	die Geschichte, -n	story
	Wie geht die Geschichte weiter?	How does the story go on?

Hin und her

95	hin und her	back and forth
	hierher	here

	dorthin	there
	hinausstellen, hat hinausgestellt	to put outside
	der Garten, ä-	garden
	hereinholen, hat hereingeholt	to fetch in
	hinauf	up
	So hoch hinauf, das kann ich nicht.	I can't reach that high.
	hinunter	down
96	**zwischen**	between
	links	left
	der Sessel, -	armchair

Das Bildungssystem in der Bundesrepublik Deutschland

97	das Bildungssystem, -e	education system
	die Vorschule, -n	nursery school
	die Grundschule	primary school
	die Hauptschule	secondary school
	die Realschule	*another form of secondary school in which at least one foreign language is compulsory*
	das Gymnasium, -ien	grammar school
	die Hochschule	college, university
	die Fachhochschule	technical college
	die Berufsschule das Fachgymnasium die Fachschule die Höhere Berufsfachschule die Fachoberschule	*vocational schools which, apart from offering general subjects leading to various qualifications, also prepare their students for a variety of professions*
	der Primarbereich	*classes 1—4 of the primary school*
	die Sekundarstufe I	*classes 5—10 of the various types of school*
	die Sekundarstufe II	*class 11 onwards*
	der Tertiärbereich	college or university education
	die Bildung (kein Plural)	education
	der Bildungsweg, -e	educational channel
	die Pflicht, -en	duty; compulsion
	die Schulpflicht (kein Plural)	compulsory schooling
	das Alter (kein Plural)	age

enden, hat geendet	to finish, to end
die Gesamtschule	comprehensive school
der Schultyp, -en	type of school
das Dach, ä-er	roof
Darin sind alle Schultypen unter einem Dach.	Here, all the various types of school are under one roof.
die Leistung, -en	performance
Entscheidend sind die Leistungen.	It depends on their performance.
befriedigend	fair
ausreichend	satisfactory
mangelhaft	poor
ungenügend	unsatisfactory
das Schulsystem, -e	school system
das Notensystem	*marking system using the traditional scale of 1–6*
das Punktsystem	*more detailed marking system*

Ein neues Kleid

14

98 **leicht**	light
die Jahreszeit, -en	season
das Kaufhaus, ä-er	department store
der Augenblick, -e	moment
Einen Augenblick!	Just a moment!
der Kunde, -n	(male) customer
die Kundin, -nen	(female) customer
bedienen, hat bedient	to serve
passend	suitable
der Rock, ö-e	skirt
die Bluse, -n	blouse
Was darf es sein?	What can I do for you?
das Sommerkleid, -er	summer dress
die Größe, -n	size
Welche Größe haben Sie? 38?	What size do you take? 38?
Da ist schon alles weg.	I'm afraid we're sold out.
schick	chic, elegant, fashionable
probieren, hat probiert	to try (on)
blau	blue
gestreift	striped
99 **der Anzug,** ü-e	suit

das Hemd, -en	shirt
die Hose, -n	trousers
grau	grey
rot	red
lang	long
kurz	short
hoffen, hat gehofft	to hope
ausländisch	foreign
führen, hat geführt, *hier:* haben	to lead; *here:* to have, to sell
Wir führen ausländische Zeitungen.	We sell foreign newspapers.
aktuell	topical, latest
der Bericht, -e	report
die Wahl, -en	election(s)
was für ein/eine	what sort of . . .
der Bleistift, -e	pencil
irgendein/irgendeine	any (one)
Was für einen willst du?	What sort of pencil do you want?
Irgendeinen.	Any sort.
linieren, hat liniert	to draw a line
Der ist hart — zum Linieren.	This one's hard — for drawing lines.
zeichnen, hat gezeichnet	to draw
der/die/das mittlere	middle
101 der Sommermantel, ä-	summer coat
dunkel	dark
gebraucht	used, second-hand
der Gebrauchtwagen, -	used car
der Fall, ä-e	case
auf jeden Fall	certainly
auf keinen Fall	certainly not
einpacken, hat eingepackt	to wrap up, to pack

Sparsam und treu

102 **sparsam**	economical; thrifty
treu	faithful
sauber	clean
herzlich	affectionate; sincere
natürlich	natural

ehrlich	honest
klug	clever
ordnungsliebend	tidy
humorvoll	having a sense of humour; humorous
pünktlich	punctual
verschwiegen	discreet; reserved
selbstlos	unselfish
jedenfalls	in any case
die Meinung, -en	opinion
das Institut für Demoskopie	public opinion research institute
feststellen (stellt fest), hat festgestellt	to establish, to find out
das Prozent, -e	per cent
ansehen (sieht an), hat angesehen	to regard
die Sparsamkeit (kein Plural)	thrift
wichtig	important
die Eigenschaft, -en	quality, characteristic
Sie sehen die Sparsamkeit als die wichtigste Eigenschaft der Frau an.	They regard thrift as the most important quality in a woman.
erst	first; only
erst dann	only then
folgen, ist gefolgt	to follow
die Treue (kein Plural)	faithfulness
die Sauberkeit (kein Plural)	cleanliness
befragen, hat befragt	to ask
38 Prozent der befragten Männer	38 per cent of the men asked
die Sechzehn- bis 29jährigen	the 16 to 29 year-olds
bevorzugen, hat bevorzugt	to prefer
der Partner, -	(male) partner
die Partnerin, -nen	(female) partner
der/die Selbständige, -n	freelance
an erster Stelle	at the top of the list
erreichen, hat erreicht	to attain
absolut	absolute
der Wert, -e	value; importance
der Spitzenwert, -e	maximum importance

Haus und Garten

103	**ruhig**	quiet, peaceful
	Das Haus hat eine ruhige Lage.	The house is in a quiet area.
	nirgendwo	nowhere
104	**hell**	light
	ein Helles (= ein helles Bier)	(a glass/pint of) bitter
	ein Dunkles (= ein dunkles Bier)	(a glass/pint of) mild
	der Rotwein, -e	red wine
	der Weißwein, -e	white wine
	unmodern	old-fashioned
	mündlich	orally

Was denken Ausländer über die Deutschen?

105	denken über	to think of/about
	Was denken sie über die Deutschen?	What do they think of the Germans?
	denken an	to think of/about
	einfallen (mir fällt ein), ist eingefallen	to occur to s.o.
	Wenn sie an die Deutschen denken, dann fallen ihnen folgende Dinge ein.	When they think of the Germans, the following things occur to them.
	solide	well-built; reliable
	der Franzose, -n	Frenchman
	der Brite, -n	British person
	der Italiener, -	Italian
	der Niederländer, -	Dutchman
	halten für (hält), hat gehalten	to consider (to be)
	fleißig	hard-working
	Sie halten die Deutschen für fleißig.	They consider the Germans to be hard-working.
	demokratisch	democratic
	laut	loud, noisy
	friedlich	peaceful; peace-loving
	halten von	to think of
	Was halten Sie von dieser Statistik?	What do you think of these statistics?

Das Wandern ist des Müllers Lust

106	wandern, ist gewandert	to hike, to travel
	der Müller, -	miller
	die Lust, ü-e	pleasure, joy
	Das Wandern ist des Müllers Lust.	Travelling is the miller's joy.
	schlecht	bad
	niemals	never
	... dem niemals fiel das Wandern ein ...	. . .who never thought of travelling . . .
	die Ruh' = die Ruhe (kein Plural)	peace, quiet; rest
	die Nacht, ä-e	night
	stets	always
	die Wanderschaft (kein Plural)	travelling
	Ist stets auf Wanderschaft bedacht ...	Is always thinking of travelling . . .
	absehen (sieht ab), hat abgesehen	to see/learn from
	das Rad, ä-er (*hier:* Mühlrad)	wheel
	Das sehn (= sehen) wir auch den Rädern ab.	We see this from the wheels, too.
	stille stehn = still stehn	to stay/stand still
	müde	tired
	drehn = **drehen,** hat gedreht	to turn

Die Gedanken sind frei

107	**das Lied,** -er	song
	das Volkslied, -er	folk song
	der Gedanke, -n	thought
	erraten (errät), hat erraten	to guess
	fliehen, ist geflohen	to flee, to run away
	wie	like
	nächtlich	night(ly)
	der Schatten, -	shadow
	der Jäger, -	hunter
	erschießen, hat erschossen	to shoot

Ade zur guten Nacht

der Schluß (die Schlüsse)	end
Schluß machen	to put an end to, to stop

Es wird jetzt Schluß gemacht.	It's time to call it a day.
scheiden, ist geschieden	to leave
wachsen (wächst), ist gewachsen	to grow
der Klee (kein Plural)	clover
der Schnee (kein Plural)	snow

16 Falsch geparkt

108	**eilig**	hasty; urgent
	Er hatte es eilig.	He was in a hurry.
	breit	wide
	weit und breit	far and wide
	der Laden, ä-	shop
	der Zigarettenladen, ä-	tobacconist's
	die Verwarnung, -en	warning; *here:* (parking) ticket
	der Polizist, -en	policeman
	holen, holte, hat geholt	to fetch, to go and get
	überweisen, überwies, hat überwiesen	to transfer (money)
	die Zahlkarte, -n	money-order form
109	abstellen, stellte ab, hat abgestellt	to park (a car)
	kontrollieren, kontrollierte, hat kontrolliert	to check
	ärgerlich	annoying
	der Zeuge, -n	witness
	der Augenzeuge, -n	eye-witness
	der Gehweg, -e	pavement
	springen, sprang, ist gesprungen	to jump; *here:* to bounce
	Der Ball sprang auf die Straße.	The ball bounced onto the road.
	hinterherlaufen, lief hinterher, ist hinterhergelaufen	to run after
	eine Reihe Autos	a row/line of cars
	zurückhalten, hielt zurück, hat zurückgehalten	to hold back, to stop
	schwarz fahren	to travel without a ticket
	eigentlich	really
	Eigentlich nicht.	not really
	entwerten, entwertete, hat entwertet	to stamp, to invalidate
	fremd	strange; foreign

	Ich bin fremd hier.	I'm a stranger here.
	Es gab keine Diskussion.	There was no argument.
	schriftlich	in writing
	sich beschweren, beschwerte, hat beschwert	to complain
111	die Kinokasse, -n	cinema box-office
	der/die/das letzte	last
	letzten Sonntag	last Sunday

Wenn ich Bürgermeister wäre ...

112	**der Bürgermeister,** -	mayor
	nachdenken über, dachte nach, hat nachgedacht	to think about/over, to consider
	Sie dachten über folgende Fragen nach.	They considered the following questions.
	ändern, änderte, hat geändert	to change
	verbessern, verbesserte, hat verbessert	to improve
	bauen, baute, hat gebaut	to build
	renovieren, renovierte, hat renoviert	to renovate
	der Müll (kein Plural)	rubbish
	werfen (wirft), warf, hat geworfen	to throw
	Wer Müll auf die Straße wirft, ...	Anyone who threw rubbish into the street . . .
	die Strafe, -n	punishment, penalty
	die Geldstrafe, -n	fine
	der Schulbus, -se	school bus
	sorgen für, sorgte, hat gesorgt	to provide for, to see to
	Ich würde für gute Schulen sorgen.	I would provide for good schools.
	das Tier, -e	animal
	der Tierpark, -e (*oder* -s)	zoo
	schützen, schützte, hat geschützt	to protect
	die Freude, -n	pleasure, joy
	Er würde den Menschen Freude machen.	It would give people pleasure.

Wenn und Aber

113	das Lotto	*(state) lottery using a combination of figures*
	die Lottozahlen (Plural)	*winning figures in the lottery*
114	der Wochentag, -e	weekday
	die Handtasche, -n	handbag
	die Brieftasche, -n	wallet
	die Polizei (kein Plural)	police
	die Autopapiere (Plural)	car papers/documents
	dabei haben	to have s.th. with/on you
	die Kontrolle, -n	check, inspection
	der Fahrschein, -e	ticket
	nachts	at night
	spät nachts	late at night
	beschädigen, beschädigte, hat beschädigt	to damage
	die Lotterie (kein Plural)	lottery
	gewinnen, gewann, hat gewonnen	to win
	die Ferien (Plural)	holidays

Städte und Gemeinden

115	**das Rathaus,** ä-er	town hall
	die Gemeinde, -n	borough; parish
	der Bürger, -	citizen
	wählen, wählte, hat gewählt	to vote
	der Stadtrat, die Stadträte	town council/councillor
	der Gemeinderat, die Gemeinderäte	parish council/councillor
	der Oberbürgermeister, -	Lord Mayor
	die Gemeindereform	*administrative centralization of municipal or parish affairs*
	die Müllabfuhr (kein Plural)	refuse collection
	das Heim, -e	home
	das Altenheim, -e	old people's home
	der Omnibus, -se	bus

Beim Arzt

116	**untersuchen,** untersuchte, hat untersucht	to examine
	brechen (bricht), brach, hat gebrochen	to break
	Er kann nicht feststellen, ob der Fuß gebrochen ist.	He can't tell if the foot's broken.
	röntgen, röntgte, hat geröntgt	to X-ray
	der Knöchel, -	ankle
	Ein Glück, daß der Knöchel nicht gebrochen ist.	It's lucky the ankle isn't broken.
	mindestens	at least
	Nur gut, daß keine Ferien sind!	It's a good job we're not on holiday!
	die Besserung, (-en)	recovery
	Gute Besserung!	Get well soon!
	der Junge, -n	boy
117	**die Grippe** (kein Plural)	influenza
	eine Grippe bekommen	to get the flu
	die Untersuchung, -en	examination
	weh tun	to hurt
	Wo tut's (tut es) denn weh?	Where does it hurt?
	das Kopfweh (= die Kopfschmerzen)	headache
	Ich habe Kopfweh.	I've got a headache.
	das Blut (kein Plural)	blood
	der Druck (kein Plural)	pressure
	der Blutdruck (kein Plural)	blood pressure
	niedrig	low
	Sie haben einen zu niedrigen Blutdruck.	Your blood pressure's too low.

Männer halten Frauen für gute Autofahrer

120	der Besitzer, -	owner
	der Autobesitzer, -	car-owner
	ebenso gut/genauso gut	just as good, equally good
	gut – besser	good – better
	schlecht	bad
	Fahren Frauen besser oder schlechter Auto als die Männer?	Are women better or worse drivers than men?

	die Tatsache, -n	fact
	prozentual	expressed as a percentage
	Tatsache ist, daß Männer prozentual mehr Unfälle haben als Frauen.	The fact is that men cause a higher percentage of accidents than women.
	vorsichtig	careful
	riskant	risky
	Frauen fahren weniger riskant.	Women drive with less risk.
	die Umfrage, -n	(opinion) poll, inquiry

Das Alter

121	**recht haben**	to be right
	Da haben Sie recht.	You're right there.
	die Sorge, -n	care, worry, trouble
	Das wär' (= wäre) das beste.	That would be best.
122	streng	strict
	unfreundlich	unfriendly

Die Krankenversicherung in der Bundesrepublik Deutschland

123	**die Versicherung,** -en	insurance
	die Krankenversicherung, -en	health insurance
	verdienen, verdiente, hat verdient	to earn
	Wer monatlich weniger als 2500 DM verdient, ist pflichtversichert.	Anyone earning less than 2,500 marks a month belongs to a compulsory health insurance scheme.
	die Krankheit, -en	illness
	die Kosten (Plural)	cost(s)
	Ganz gleich, wie lange die Krankheit dauert, die Versicherung trägt die Kosten.	However long the illness lasts, the insurance company covers the costs.
	das Medikament, -e	medicine
	das Krankengeld (kein Plural)	sickness benefit
	der Krankenschein, -e	*medical certificate entitling a patient to treatment*
	sich versichern, versicherte, hat versichert	to insure oneself

freiwillig	of one's own free will
Die Kosten steigen immer noch weiter.	The costs keep on rising.
senken, senkte, hat gesenkt	to cut (down), to lower
Wie könnte man nach Ihrer Meinung die Kosten senken?	How do you think costs could be cut?

Auf dem Arbeitsamt

124 **das Arbeitsamt,** ä-er	Labour Exchange
arbeitslos	unemployed
der/die Arbeitslose, -n	unemployed person
die Stelle, -n (*hier:* Arbeitsstelle)	job
Was sind Sie von Beruf?	What's your line of work?
der Schlosser, -	mechanic
Ich bin gelernter Schlosser.	I'm a trained mechanic.
der Kraftfahrer, -	(lorry/van) driver
aussehen (sieht aus), sah aus, hat ausgesehen	to look
Für Schlosser sieht es schlecht aus.	There's not much demand for mechanics.
registrieren, registrierte, hat registriert	to register
Sie werden als Arbeitsloser registriert.	You'll be registered as unemployed.
das Arbeitslosengeld (kein Plural)	unemployment benefit
auszahlen, zahlte aus, hat ausgezahlt	to pay (out)
prüfen, prüfte, hat geprüft	to check
Der Antrag wird geprüft.	The application will be checked.
genehmigen, genehmigte, hat genehmigt	to approve
benachrichtigen	to inform, to let (s.o.) know
Wenn er genehmigt ist, werden Sie benachrichtigt.	We'll let you know as soon as it's been approved.
125 **(sich) melden,** meldete, hat gemeldet	to register
der Antragsteller, -	applicant
bar	in cash

Das Arbeitslosengeld wird nicht bar ausgezahlt, sondern überwiesen.	The unemployment benefit isn't paid out in cash; it's transferred to your account.
umschulen, schulte um, hat umgeschult	to retrain (for another job)
die Umschulung, -en	(vocational) retraining
der Schuhmacher, -	shoemaker
die Chance, -n	chance, opportunity
Der Beruf hat wenig Chancen.	The job has little scope.
Ich werde zum Mechaniker umgeschult.	I'm being retrained as a mechanic.
der Kurs, -e	course
der Lohn, ö-e	wage(s)
der/die Auszubildende, -n	apprentice
die Überstunde, -n	overtime
ein anderer, eine andere, ein anderes, andere	someone else
der/die/das andere, die anderen	other(s)
Da muß ich doch hin. (= Dahin muß ich doch.)	I have to go (there).
aufräumen, räumte auf, hat aufgeräumt	to clear up
erledigen, erledigte, hat erledigt	to be/get done
Wird erledigt.	Will do!
der Lehrling, -e	apprentice
126 empfangen (empfängt), empfing, hat empfangen	to welcome
loben, lobte, hat gelobt	to praise
öffnen, öffnete, hat geöffnet	to open

Aus einem Brief/Aus einem Kochbuch

128 das Werkzeug, -e	tool
die Werkzeugmaschine, -n	machine tool
herstellen, stellte her, hat hergestellt	to produce, to make
der Teil, -e	part
meistens	mostly, for the most part
liefern, lieferte, hat geliefert	to deliver, to supply

bearbeiten, bearbeitete, hat bearbeitet	to work on; to process
Bei uns werden die Teile bearbeitet und zusammengebaut.	We process the parts and put them together.
selber (= **selbst**)	self
die Montage, -n	assembly (plant)
die Endmontage	final assembly
Ich selber arbeite in der Endmontage.	I myself work on the final assembly.
der Versand (kein Plural)	dispatch (department)
versenden, versandte, hat versandt	to dispatch
verpacken, verpackte, hat verpackt	to pack
die meisten	most
kochen, kochte, hat gekocht	to cook
das Kochbuch, ü-er	cookery book
der Eintopf, ö-e	stew
verschieden	different, various
das Gemüse, -	vegetable
versch. (= verschiedene) Gemüse	various vegetables
die Zwiebel, -n	onion
die Petersilie (kein Plural)	parsley
der Pfeffer (kein Plural)	pepper
das Fett, -e	fat, lard
das Öl, -e	oil
die Brühe, -n	broth
die Fleischbrühe, -n	consommé; *here:* stock
das Kalbfleisch (kein Plural)	veal
das Schweinefleisch (kein Plural)	pork
waschen (wäscht), wusch, hat gewaschen	to wash
schneiden, schnitt, hat geschnitten	to cut, to chop
schälen, schälte, hat geschält	to peel
der Würfel, -	cube
feingeschnittene Zwiebeln	finely-chopped onions
die Schicht, -en	layer
Die Kartoffeln werden in Schichten darübergelegt.	Cover with layers of potato.

	gießen, goß, hat gegossen	to pour
	Das Ganze wird mit Fleischbrühe übergossen.	Pour stock over the whole thing.
	ca. *Abk. für:* cirka (= **ungefähr)**	roughly, approximately
	dünsten, dünstete, hat gedünstet	to steam
	würzen, würzte, hat gewürzt	to season
	servieren, servierte, hat serviert	to serve

Nach dem Unfall

129	**operieren,** operierte, hat operiert	to operate (on)
	neulich	recently
	Er wurde neulich von einem Auto angefahren und schwer verletzt.	He was knocked down by a car recently, and badly injured.
	Er kann von Glück sagen, daß er noch lebt.	He's lucky to be alive.
	entlassen (entläßt), entließ, hat entlassen	to discharge
	Er konnte wieder entlassen werden.	He was able to be discharged.
130	**überholen,** überholte, hat überholt	to overtake
	Überholen verboten!	No overtaking!
	der Rasen, -	grass, lawn
	betreten (betritt), betrat, hat betreten	to walk on
	Rasen betreten verboten!	Don't walk on the grass!
	der Zutritt (kein Plural)	entrance, admission
	Zutritt verboten!	No admission!/No entry!
	einen Antrag stellen	to file an application
	einen Antrag einreichen	to submit an application

Büroordnung vor 100 Jahren

131	die Büroordnung (-en)	office regulations
	das Personal (kein Plural)	personnel
	anwesend sein	to be present
	erwarten, erwartete, hat erwartet	to expect
	Es wird erwartet, daß . . .	. . . are expected to . . .

der Mitarbeiter, -	*here:* employee
nötig	necessary
verantwortlich	responsible
der Arbeitsbeginn	starting work
der Büroschluß (kein Plural)	office closing-hours
sauber	clean
saubermachen, machte sauber, hat saubergemacht	to clean up
Die Lehrlinge bleiben zum Saubermachen.	The apprentices stay behind to clean up.
erlauben, erlaubte, hat erlaubt	to allow
unterbrechen (unterbricht), unterbrach, hat unterbrochen	to interrupt
erhalten (erhält), erhielt, hat erhalten (= bekommen)	to get, to receive
dringend	urgent
Es ist dringend.	It's urgent.
in dringenden Fällen	in urgent cases
bedeuten, bedeutete, hat bedeutet	to mean

Eine Einladung

19

132	**persönlich**	personal(ly)
	befreundet	on friendly terms (with)
	Sie ist persönlich mit ihm befreundet.	She knows him personally.
	sich verabschieden, verabschiedete, hat verabschiedet	to say goodbye (to)
	zusagen, sagte zu, hat zugesagt	to accept (an invitation)
133	**bekanntmachen,** machte bekannt, hat bekanntgemacht	to introduce
	Darf ich bekanntmachen?	May I introduce . . .?
	vorstellen, stellte vor, hat vorgestellt	to introduce
	Kommen Sie, ich stelle Sie vor.	Come on, I'll introduce you.
	der Kollege (den Kollegen), -en	(male) colleague
	die Kollegin, -nen	(female) colleague
	angenehm	pleasant

	Sehr angenehm!	How do you do?/Pleased to meet you.
	gegenüber	opposite
	tanzen, tanzte, hat getanzt	to dance
	charmant	charming
134	**überall**	everywhere; *here:* at every bus stop
135	**der Kunststoff,** -e	synthetic material

Früher und heute

136	der Opa, -s (= **der Großvater,** ä-)	grandpa
	die Oma, -s (= **die Großmutter,** ü-)	grandma
	die Tante, -n	aunt
	der Onkel, -	uncle
	der Alte, -n	old person
	bügeln, bügelte, hat gebügelt	to iron
	nähen, nähte, hat genäht	to sew
	Die Alten halfen beim Waschen, Bügeln und Nähen.	The old people helped with the washing, ironing and sewing.
	die Waschmaschine, -n	washing-machine
	die Spülmaschine, -n	(electric) dishwasher
	sauberhalten (hält sauber), hielt sauber, hat saubergehalten	to keep clean
	versorgen, versorgte, hat versorgt	to look after
	der Supermarkt, ä-e	supermarket
	die Zahnpasta, die Zahnpasten	toothpaste
	reden, redete, hat geredet	to talk
	(sich) unterscheiden, unterschied, hat unterschieden	to be different (from)
	verteilen, verteilte, hat verteilt	to divide (up)

Nichts zu machen!

137	**wenigstens**	at least
	die Bekanntschaft, -en	acquaintance
138	die Absicht, -en	intention
	die Kennkarte, -n	identity card
	treffen (trifft), traf, hat getroffen	to meet

antreffen (trifft an), traf an, hat angetroffen	to meet, to find
unmöglich	impossible

Die Bundesrepublik Deutschland

139	die Föderation, -en	federation
	(sich) zusammenschließen, schloß zusammen, hat zusammengeschlossen	to unite
	von Nord nach Süd (= von Norden nach Süden)	from north to south
	der Staat, -en	state
	der Stadtstaat, -en	city-state
	der Sonderstatus	special status
	der Bundestag	*Lower House of the Federal German Parliament*
	das Länderparlament, -e	state parliament
	stattfinden, fand statt, hat stattgefunden	to take place, to be held
	wahlberechtigt sein	to be entitled to vote
	der Wahltag, -e	election day
	die Staatsangehörigkeit, (-en)	nationality
	besitzen, besaß, hat besessen	to own, to have
	allgemein	general, universal
	unmittelbar	direct
	geheim	secret, confidential
	Die Wahlen sind allgemein, gleich, unmittelbar, frei und geheim.	The voting is universal, equal, direct, free and secret.
	das Recht, -e	right
	abhängig/unabhängig von	dependent; independent of (no matter what . . .)
	die Konfession, -en	(religious) confession
	die Rasse, -n	race
	die Bildung (kein Plural)	education
	das Geschlecht, -er	sex
	der/die Abgeordnete, -n	member of parliament
	d. h. = das heißt	i. e. = that is
	das Volk, ö-er	people

Die Abgeordneten werden unmittelbar, d. h. direkt vom Volk gewählt.	The members of parliament are elected direct, i. e. directly by the people.
die Hauptstadt, ä-e	capital
die Partei, -en	(political) party
vertreten (vertritt), vertrat, hat vertreten	to represent
der Bundespräsident, -en	President of the Federal Republic
der Bundeskanzler, -	Chancellor of the Federal Republic
der Politiker, -	politician

20 Kleiner Sprachführer

140 **der Führer,** -	guide
der Sprachführer	phrase-book, guide
die Entschuldigung, -en	excuse, apology
Entschuldigung!	Excuse me!
die Verzeihung (kein Plural)	pardon
Verzeihung!	Pardon me!
der Flugplatz, ä-e	airport
geradeaus	straight on
Gehen Sie geradeaus!	Go straight on.
empfehlen (empfiehlt), empfahl, hat empfohlen	to recommend
Das kommt darauf an.	That depends.
die Beschwerde, -n	complaint
versalzen, versalzte, hat versalzen	to use too much salt
Das Essen ist versalzen.	The food is too salty.
genießen, genoß, hat genossen	to enjoy
ungenießbar	inedible
angeben (gibt an), gab an, hat angegeben	to specify, to list
Spielen Sie die angegebenen Situationen durch!	Act out the situations listed.
je	according to; per
Antworten Sie je nach Situation!	Answer according to the situation.
die Panne, -n	breakdown

das Rad, ä-er	wheel
das Benzin (kein Plural)	petrol
der Kanister, -	canister, can
das Normalbenzin	regular (petrol)
volltanken	to fill up (with petrol)
Volltanken, bitte!	Fill her up, please!
die Scheibe, -n	pane (of glass)
die Fensterscheibe	window(-pane)
die Windschutzscheibe	windscreen
füllen, füllte, hat gefüllt	to fill
nachfüllen, füllte nach, hat nachgefüllt	to top up
der Reifen, -	tyre
der Reifendruck	tyre pressure
der Notfall, ä-e	emergency
die Erste Hilfe (kein Plural)	first aid
wählen, wählte, hat gewählt (beim Telefonieren)	to dial
Wählen Sie 110.	Dial 110.

Liste der starken und unregelmäßigen Verben

Infinitiv	*Präteritum*	*Perfekt*
befehlen, befiehlt	befahl	hat befohlen
beginnen	begann	hat begonnen
beißen	biß	hat gebissen
bekommen	bekam	hat bekommen
bieten	bot	hat geboten
anbieten	bot an	hat angeboten
verbieten	verbot	hat verboten
bitten	bat	hat gebeten
bleiben	blieb	ist geblieben
brechen, bricht	brach	hat gebrochen
bringen	brachte	hat gebracht
denken	dachte	hat gedacht
dürfen, darf	durfte	hat gedurft
empfangen, empfängt	empfing	hat empfangen
empfehlen, empfiehlt	empfahl	hat empfohlen
entscheiden	entschied	hat entschieden
essen, ißt	aß	hat gegessen
fahren, fährt	fuhr	ist gefahren
abfahren, fährt ab	fuhr ab	ist abgefahren
mitfahren, fährt mit	fuhr mit	ist mitgefahren
wegfahren, fährt weg	fuhr weg	ist weggefahren
fallen, fällt	fiel	ist gefallen
einfallen, mir fällt ein	fiel ein	ist eingefallen
fangen, fängt	fing	hat gefangen
anfangen, fängt an	fing an	hat angefangen
finden	fand	hat gefunden
stattfinden	fand statt	hat stattgefunden
fliegen	flog	ist geflogen
abfliegen	flog ab	ist abgeflogen
fließen	floß	ist geflossen
geben, gibt	gab	hat gegeben
gefallen, gefällt	gefiel	hat gefallen
gehen	ging	ist gegangen
mitgehen	ging mit	ist mitgegangen
spazierengehen	ging spazieren	ist spazierengegangen
gewinnen	gewann	hat gewonnen

gießen	goß	hat gegossen
haben, hat	hatte	hat gehabt
halten, hält	hielt	hat gehalten
anhalten, hält an	hielt an	hat angehalten
hängen	hing	hat gehangen
heißen	hieß	hat geheißen
helfen, hilft	half	hat geholfen
kennen	kannte	hat gekannt
kommen	kam	ist gekommen
ankommen	kam an	ist angekommen
bekommen	bekam	hat bekommen
hereinkommen	kam herein	ist hereingekommen
können, kann	konnte	hat gekonnt
laden, lädt	lud	hat geladen
einladen, lädt ein	lud ein	hat eingeladen
lassen, läßt	ließ	hat gelassen
entlassen, entläßt	entließ	hat entlassen
verlassen, verläßt	verließ	hat verlassen
laufen, läuft	lief	ist gelaufen
leihen	lieh	hat geliehen
lesen, liest	las	hat gelesen
liegen	lag	hat gelegen
mögen, mag/möchte	mochte	hat gemocht
müssen, muß	mußte	hat gemußt
nehmen, nimmt	nahm	hat genommen
mitnehmen, nimmt mit	nahm mit	hat mitgenommen
raten, rät	riet	hat geraten
rufen	rief	hat gerufen
anrufen	rief an	hat angerufen
scheinen	schien	hat geschienen
schlafen, schläft	schlief	hat geschlafen
ausschlafen	schlief aus	hat ausgeschlafen
schlagen, schlägt	schlug	hat geschlagen
schließen	schloß	hat geschlossen
schreiben	schrieb	hat geschrieben
beschreiben	beschrieb	hat beschrieben
schweigen	schwieg	hat geschwiegen
schwimmen	schwamm	ist (hat) geschwommen
sehen, sieht	sah	hat gesehen
ansehen, sieht an	sah an	hat angesehen
sein, ist	war	ist gewesen

sitzen	saß	hat gesessen
besitzen	besaß	hat besessen
sprechen, spricht	sprach	hat gesprochen
springen	sprang	ist gesprungen
stehen	stand	hat gestanden
aufstehen	stand auf	ist aufgestanden
bestehen	bestand	hat bestanden
verstehen	verstand	hat verstanden
steigen	stieg	ist gestiegen
einsteigen	stieg ein	ist eingestiegen
(sich) streiten	stritt (sich)	hat (sich) gestritten
tragen, trägt	trug	hat getragen
eintragen	trug ein	hat eingetragen
(sich) treffen, trifft (sich)	traf (sich)	hat (sich) getroffen
eintreffen	traf ein	ist eingetroffen
treten, tritt	trat	hat getreten
betreten, betritt	betrat	hat betreten
trinken	trank	hat getrunken
tun	tat	hat getan
unterscheiden	unterschied	hat unterschieden
vergessen, vergißt	vergaß	hat vergessen
vergleichen	verglich	hat verglichen
verzeihen	verzieh	hat verziehen
wachsen, wächst	wuchs	ist gewachsen
(sich) waschen, wäscht (sich)	wusch (sich)	hat (sich) gewaschen
werden, wird	wurde	ist geworden
werfen, wirft	warf	hat geworfen
wissen, weiß	wußte	hat gewußt
ziehen	zog	hat gezogen
abziehen	zog ab	hat abgezogen
(sich) anziehen	zog (sich) an	hat (sich) angezogen